школа - maktab	2
подорож - sayohat	5
транспорт - transport	8
місто - shahar	10
ландшафт - manzara	14
ресторан - restoran	17
супермаркет - supermarket	20
напої - ichimliklar	22
їжа - taom	23
ферма - chorvachilik xo'jaligi	27
дім - uy	31
вітальня - mehmonxona	33
кухня - oshxona	35
ванна кімната - vannaxona	38
дитяча кімната - bolalar xonasi	42
одяг - kiyim	44
офіс - idora	49
економіка - iqtisod	51
професії - kasblar	53
інструменти - asboblar	56
музичні інструменти - musiqa asboblari	57
зоопарк - hayvonot bog'i	59
спорт - sport o'yinlari	62
дії - mashg'ulot	63
сім'я - oila	67
тіло - tana	68
лікарня - shifoxona	72
аварійний випадок - tez yordam	76
Земля - yer	77
годинник - soat	79
тиждень - xafta	80
рік - yil	81
форми - shakllar	83
фарби - ranglar	84
протилежності - qarama-qarshi ma'noli so'zlar	85
числа - raqamlar	88
мови - tillar	90
хто / що / як - kim / nima / qanday	91
де - qayerda	92

Impressum
Verlag: BABADADA GmbH, Nedderfeld 112 , 22529 Hamburg
Geschäftsführer / Verlagsleitung: Harald Hof
Druck: Books on Demand GmbH, In de Tarpen 42, 22848 Norderstedt

Imprint
Publisher: BABADADA GmbH, Nedderfeld 112 , 22529 Hamburg, Germany
Managing Director / Publishing direction: Harald Hof
Print: Books on Demand GmbH, In de Tarpen 42, 22848 Norderstedt, Germany

школа
maktab

- ділити — bo'lmoq
- дошка — doska
- класна кімната — sinf
- шкільний двір — maktab hovlisi
- вчитель — o'qituvchi
- папір — qog'oz
- ручка — ruchka
- письмовий стіл — ish stoli
- лінійка — lineyka
- книга — kitob
- писати — yozmoq
- учень — o'quvchi

ранець — osma sumka

пенал — qalamdon

олівець — qalam

точило — qalam uchlagich

гумка — o'chirgich

альбом для малювання — rasm albomi

малюнок

chizmachilik

пензель

bo'yoq cho'tka

коробка фарб

bo'yoqdon

ножиці

qaychi

клей

yelim

зошит

mashg'ulot daftari

домашнє завдання

uy ishi

число

raqam

2+2

додавати

qo'shmoq

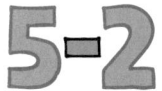

віднімати

ayirmoq

множити

ko'paytirmoq

рахувати

sanamoq

літера

xat

ABCDEFG
HIJKLMN
OPQRSTU
VWXYZ

абетка

alifbo

слово

so'z boyligi

школа - maktab

текст
matn

читати
o'qimoq

крейда
bo'r

година
dars

класний журнал
jurnal

екзамен
imtihon

диплом
guvohnoma

шкільна форма
maktab formasi

освіта
ta'lim

лексикон
qomus

університет
oliygoh

мікроскоп
mikroskop

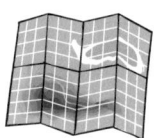
карта
xarita

кошик для паперу
urna

школа - maktab

подорож
sayohat

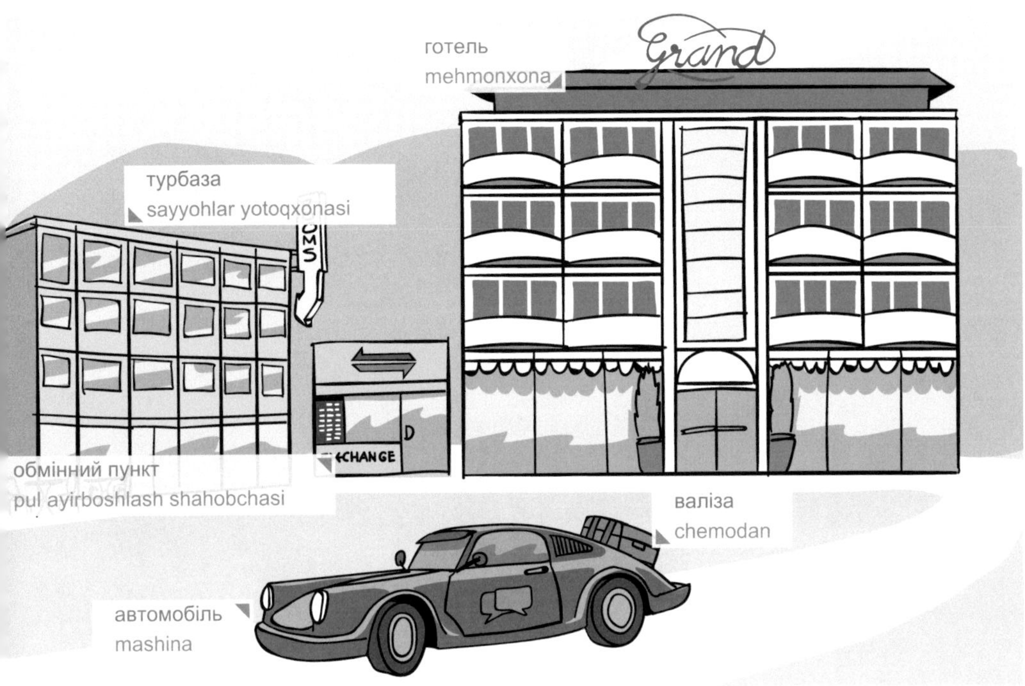

готель
mehmonxona
Grand
турбаза
sayyohlar yotoqxonasi
обмінний пункт
pul ayirboshlash shahobchasi
EXCHANGE
валіза
chemodan
автомобіль
mashina

мова

til

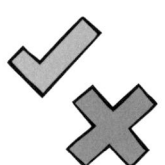

так / ні

ha / yo'q

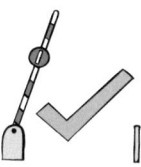

добре

Xo'p

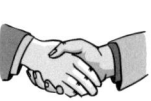

привіт

salom

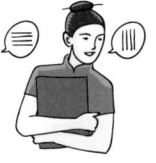

перекладач

tarjimon

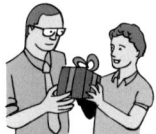

дякую

Raxmat

Скільки коштує ...?
necha pul...?

Я не розумію
Tushunmadim

проблема
muammo

Добрий вечір!
Xayrli kech!

Доброго ранку!
Xayrli tong!

На добраніч!
Xayrli tun!

До побачення
ko'rishguncha

напрямок
yo'nalish

багаж
yo'lovchi yuki

сумка
safarxalta

рюкзак
yuk xalta

гість
mehmon

кімната
xona

спальний мішок
uyquqop

намет
palatka

подорож - sayohat

туристична інформація
ayohlarga ma'lumot berish stoli

пляж
plyaj

кредитна картка
omonat karta

сніданок
nonushta

обід
nonushta

вечеря
kechki ovqat

квиток
chipta

ліфт
lift

поштова марка
marka

межа
chegara

митниця
bojxona

посольство
elchixona

віза
viza

паспорт
pasport

подорож - sayohat

транспорт
transport

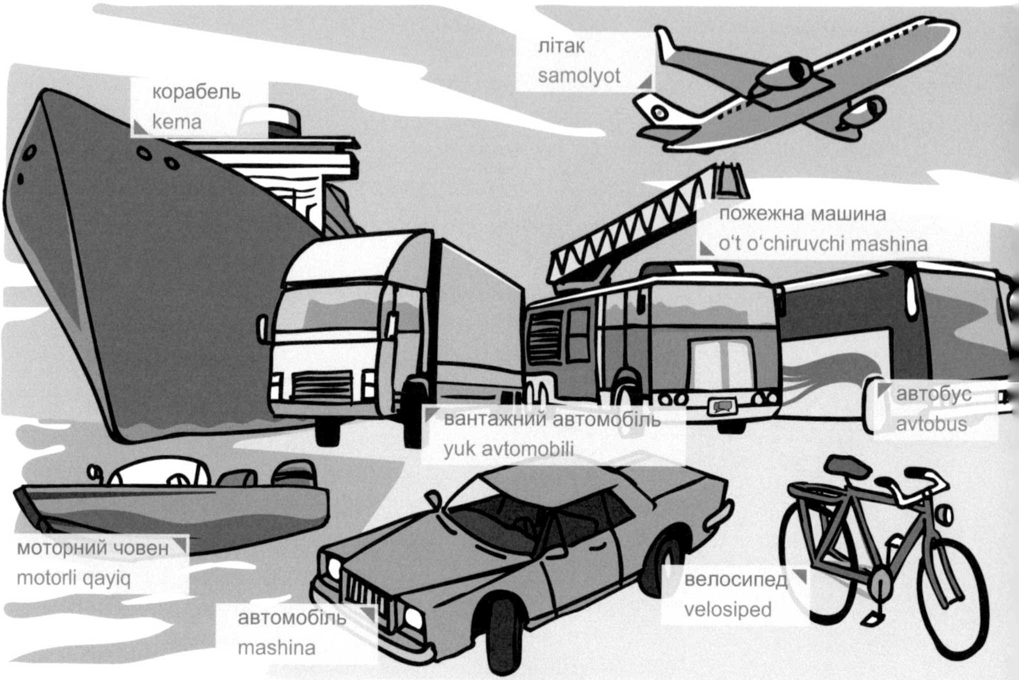

корабель
kema

літак
samolyot

пожежна машина
o't o'chiruvchi mashina

вантажний автомобіль
yuk avtomobili

автобус
avtobus

моторний човен
motorli qayiq

автомобіль
mashina

велосипед
velosiped

пором
solsimon yassi kema

човен
qayiq

мотоцикл
mototsikl

поліцейська машина
posbon mashinasi

гоночний автомобіль
poyga mashinasi

автомобіль на прокат
kiraga olingan avtoulov

спільне користування авто

avtoijara

евакуатор

shatakka oluvchi yuk avtomobili

сміттєвоз

axlat mashinasi

двигун

motor

паливо

yoqilg'i

автозаправна станція

yoqilg'i quyish shahobchasi

дорожній знак

yo'l belgisi

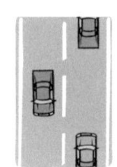

рух

yo'l harakati

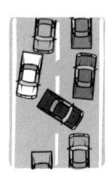

затор

tirband

стоянка

avtomobil to'xtab turish joyi

вокзал

poyezd bekati

рейки

rels

потяг

poyezd

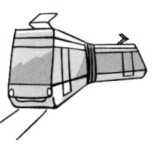

трамвай

tramvay

вагон

vagon

гелікоптер
vertolyot

аеропорт
aeroport

вежа
minora

пасажир
yo'lovchi

контейнер
konteyner

коробка
qog'oz quti

візок
aravacha

кошик
savat

стартувати / приземлятися
uchmoq / qo'nmoq

місто
shahar

село
qishloq

центр міста
shahar markazi

дім
uy

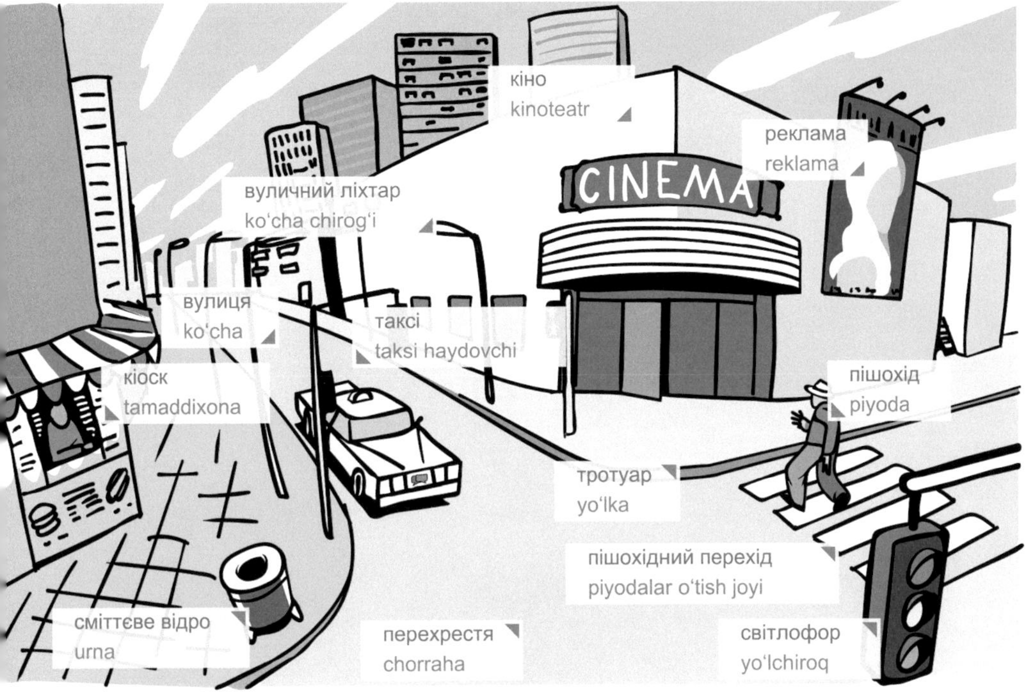

кіно
kinoteatr

реклама
reklama

вуличний ліхтар
ko'cha chirog'i

вулиця
ko'cha

таксі
taksi haydovchi

кіоск
tamaddixona

пішохід
piyoda

тротуар
yo'lka

пішохідний перехід
piyodalar o'tish joyi

сміттєве відро
urna

перехрестя
chorraha

світлофор
yo'lchiroq

хатина

kulba

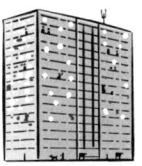

квартира

kvartira

вокзал

poyezd bekati

ратуша

mahalliy hokimiyat binosi

музей

muzey

школа

maktab

місто - shahar

університет

oliygoh

банк

bank

лікарня

shifoxona

готель

mehmonxona

аптека

dorixona

офіс

idora

книжковий магазин

kitob do'koni

магазин

do'kon

квітковий магазин

gul do'koni

супермаркет

supermarket

ринок

bozor

універмаг

univermag

торговець рибою

baliq do'koni

торговельний центр

savdo markazi

гавань

bandargoh

місто - shahar

парк
istirohat bog'i

лава
bank

міст
ko'prik

сходи
zinapoya

метро
metro

тунель
yer osti yo'li

автобусна зупинка
avtobus bekati

бар
bar

ресторан
restoran

поштова скринька
pochta qutisi

вулична табличка
ko'cha yozuv osma taxtasi

лічильник паркування
to'xtab turish vaqtini hisoblagach

зоопарк
hayvonot bog'i

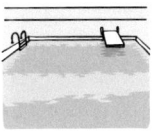

басейн
basseyn

мечеть
masjid

місто - shahar 13

ферма
chorvachilik xoʻjaligi

забруднення навколишнього середовища
atrof-muhit ifloslanishi

кладовище
qabriston

церква
ibodatxona

дитячий майданчик
bolalar oʻyingohi

храм
ehrom

ландшафт
manzara

листок — yaproq
вказівний стовп — yoʻlkoʻrsatgich
шлях — yoʻl
луг — oʻtloq
камінь — tosh
дерево — daraxt
мандрівник — sayyoh
річка — daryo
трава — maysa
квітка — gul

 долина vodiy	 гора qir	 озеро ko'l
 ліс o'rmon	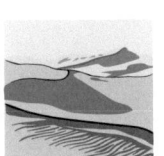 пустеля cho'l	 вулкан vulkan
 замок qal'a	 веселка kamalak	 гриб qo'ziqorin
 пальма palma daraxti	 комар pashsha	 муха chivin
 мурашка chumoli	 бджола asalari	 павук o'rgimchak

жук

qo'ng'iz

жаба

qurbaqa

вивірка

olmaxon

їжак

tipratikon

заєць

quyon

сова

ukki

птах

qush

лебідь

oqqush

кабан

erkak cho'chqa

олень

bug'u

лось

butoq shohli kiyik

гребля

to'g'on

вітряк

shamol generatori

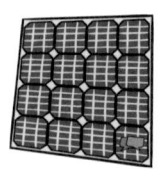

сонячний модуль

quyosh batareyasi

клімат

iqlim

ландшафт - manzara

ресторан
restoran

офіціант / ofitsiant
меню / taomnoma
стілець / stul
суп / sho'rva
піца / pitstsa
столові прилади / oshxona anjomlari
скатертина / dasturxon

закуска
gazak

друга страва
asosiy taom

десерт
desert

напої
ichimliklar

їжа
taom

пляшка
butilka

фаст-фуд
tez pishar taom

вулична їжа
ko'cha taomi

чайник
choynak

цукорниця
shakardon

порція
portsiya

еспресо-машина
espresso kofe mashinasi

високий стільчик
bolalar kursichasi

рахунок
hisob

піднос
lagan

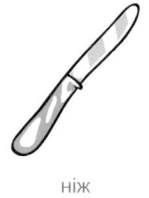
ніж
pichoq

вилка
sanchqi

ложка
qoshiq

чайна ложка
choy qoshiq

серветка
qo'l sochiq

склянка
stakan

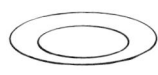
тарілка
likop

тарілка для супу
sho'rva kosa

блюдце
taqsimcha

соус
qayla

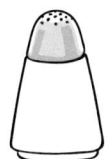
солонка
tuzdon

млин для перцю
qalampir yanchgich

оцет
sirka

масло
yog'

спеції
ziravorlar

кетчуп
ketchup

гірчиця
xantal

майонез
mayonez

ресторан - restoran

супермаркет
supermarket

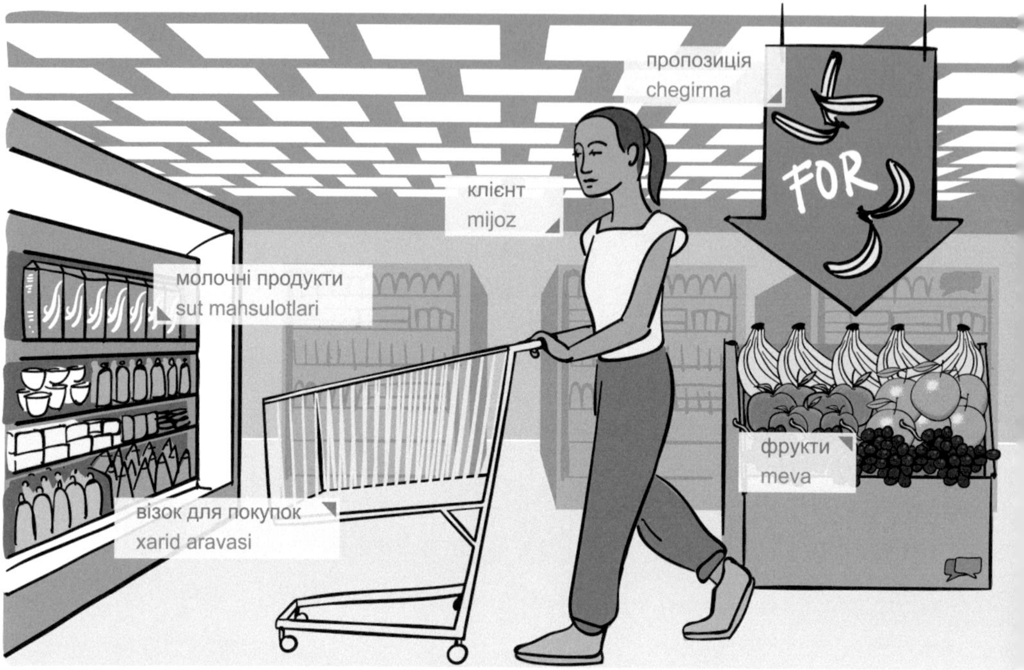
пропозиція
chegirma
FOR
клієнт
mijoz
молочні продукти
sut mahsulotlari
фрукти
meva
візок для покупок
xarid aravasi

BUTCHERS

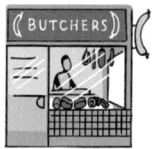

м'ясний магазин

qassobxona

BAKERY

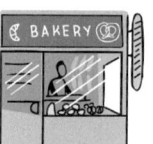

пекарня

nonvoyxona

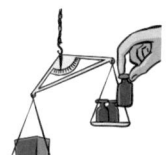

зважувати

tarozida o‘lchamoq

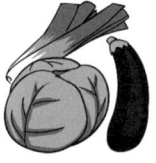

овочі

sabzavot

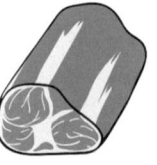

м'ясо

go‘sht

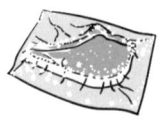

заморожені продукти

muzlatilgan taomlar

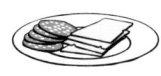
ковбасна нарізка
yaxna go'sht

консерви
konserva

пральний порошок
kir yuvish vositasi

солодощі
shirinliklar

предмети домашнього побуту
kundalik iste'mol taomlari

мийний засіб
yuvish vositalari

продавщиця
sotuvchi

каса
kassa

касир
kassachi

список покупок
xarid ro'yxati

часи роботи
ish vaqti

гаманець
hamyon

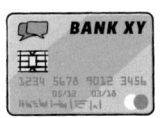
кредитна картка
omonat karta

сумка
xalta

поліетиленовий пакет
tsellofan xalta

супермаркет - supermarket

напої
ichimliklar

вода
suv

сік
sharbat

молоко
sut

кола
koka-kola

вино
vino

пиво
pivo

алкоголь
spirtli ichimlik

какао
kakao

чай
choy

кава
kofe

еспресо
espresso

капучіно
kapuchino

їжа
taom

банан
banan

яблуко
olmaxon

апельсин
apelsin

кавун
qovun

лимон
limon

морква
sabzi

часник
sarimsoq

бамбук
bambuk

цибуля
piyoz

гриб
qo'ziqorin

горішки
yong'oq

локшина
lag'mon

спагеті	рис	салат
spagetti	guruch	salat

картопля фрі	смажена картопля	піца
kartoshka-fri	qovurilgan kartoshka	pitstsa

гамбургер	бутерброд	шніцель
gamburger	sendvich	to'qmoqlangan to'sh qiymasi

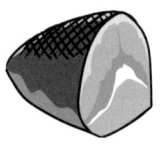

шинка	салямі	ковбаса
dudlangan cho'chqa go'shti	salyami kolbasasi	sosiska

курка	печеня	риба
tovuq go'shti	qovurilgan	baliq

їжа - taom

вівсяні пластівці

suli bo'tqasi

мюслі

myusli

кукурудзяні пластівці

makkajo'xori yormasi

борошно

un

круасан

frantsuz bulochkasi

булочка

bulochka

хліб

non

тостовий хліб

qizartirilgan non burdasi

печиво

pishiriq

масло

sariyog'

сир

tvorog

пиріг

pirog

яйце

tuxum

яєчня

qovurilgan tuxum

сир

pishloq

морозиво	цукор	мед
muzqaymoq	shakar	asal

мармелад	нуга-крем	карі
murabbo	shokolad pastasi	zarchava

ферма
chorvachilik xoʻjaligi

сільський будинок — dehqon uyi
комора — pichanxona
солом'яні тюки — poxol tuguni
поле — dala
кінь — ot
причіп — tirkama
лоша — qulun
трактор — traktor
віслюк — eshak
вівця — qoʻy
ягня — qoʻzi

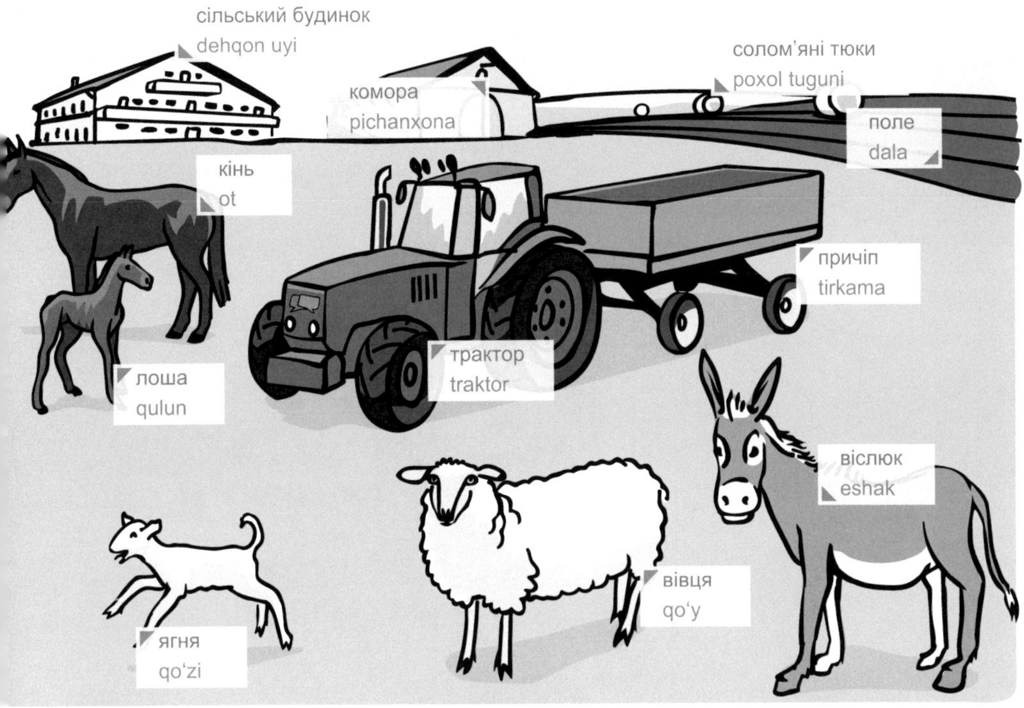

коза
echki

корова
sigir

теля
buzoq

свиня
choʻchqa

порося
choʻchqa bolasi

бик
buqa

ферма - chorvachilik xoʻjaligi

гусак
g'oz

качка
o'rdak

курча
jo'ja

курка
tovuq

півень
xo'roz

щур
kalamush

кіт
mushuk

миша
sichqon

віл
ho'kiz

собака
it

собача будка
katalak

садовий шланг
hovli bog' shlangi

лійка
gulchelak

коса
belo'roq

плуг
temir omoch

ферма - chorvachilik xo'jaligi

серп
qo'lo'roq

мотика
chopqi

вила
panshaxa

сокира
bolta

тачка
g'altakarava

корито
oxur

бідон молока
sut bidoni

мішок
to'rva

паркан
panjara

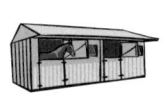
хлів
og'ilxona

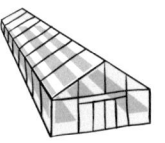
теплиця
issiqxona

ґрунт
tuproq

насіння
urug'

добриво
o'g'it

комбайн
kombayn

ферма - chorvachilik xo'jaligi

пожинати
hosil olmoq

урожай
yig'im-terim

корінь ямсу
yams

пшениця
bug'doy

соя
soya

картопля
kartoshka

кукурудза
makkajo'xori

ріпак
raps urug'i

плодове дерево
mevali daraxt

маніок
maniok

злаки
yorma

ферма - chorvachilik xo'jaligi

дім
uy

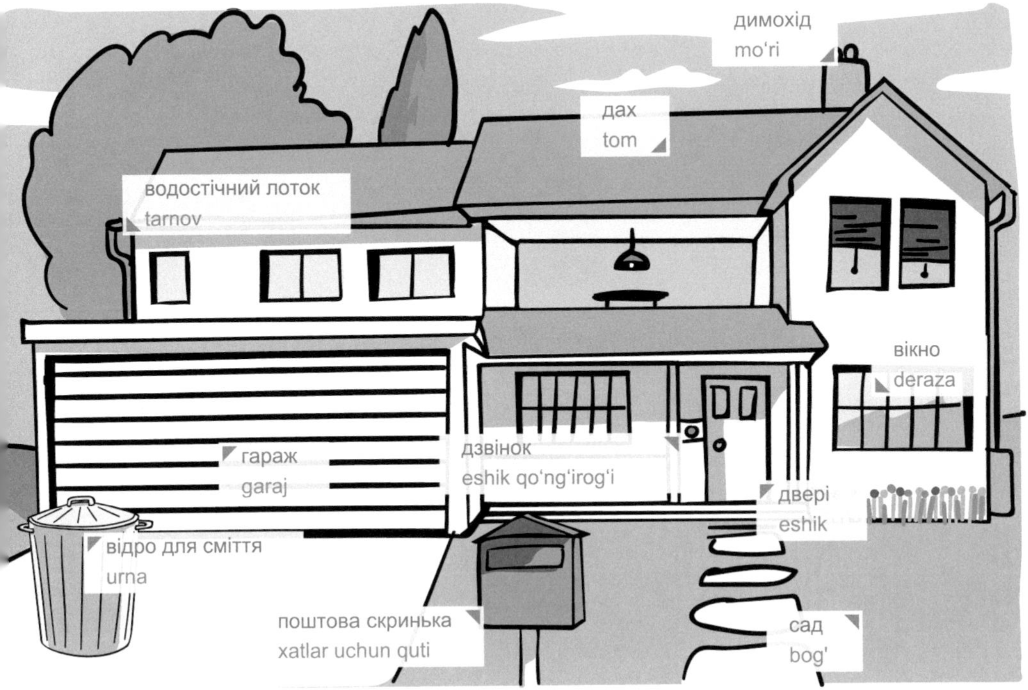

- димохід / mo'ri
- дах / tom
- водостічний лоток / tarnov
- вікно / deraza
- гараж / garaj
- дзвінок / eshik qo'ng'irog'i
- двері / eshik
- відро для сміття / urna
- поштова скринька / xatlar uchun quti
- сад / bog'

вітальня
mehmonxona

ванна кімната
vannaxona

кухня
oshxona

спальня
yotoqxona

дитяча кімната
bolalar xonasi

їдальня
oshxona

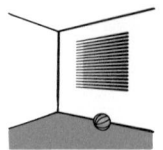

підлога
pol

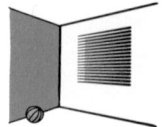

стіна
devor

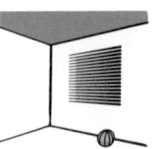

стеля
ship

підвал
podval

сауна
sauna

балкон
balkon

тераса
ayvon

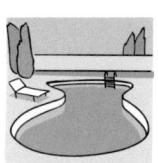

басейн
basseyn

косарка
o't o'rgich mashina

простирало
ko'rpajild

ковдра
choyshab

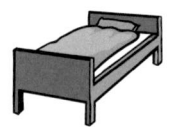

ліжко
krovat

мітла
supurgi

відро
paqir

перемикач
murvat

вітальня
mehmonxona

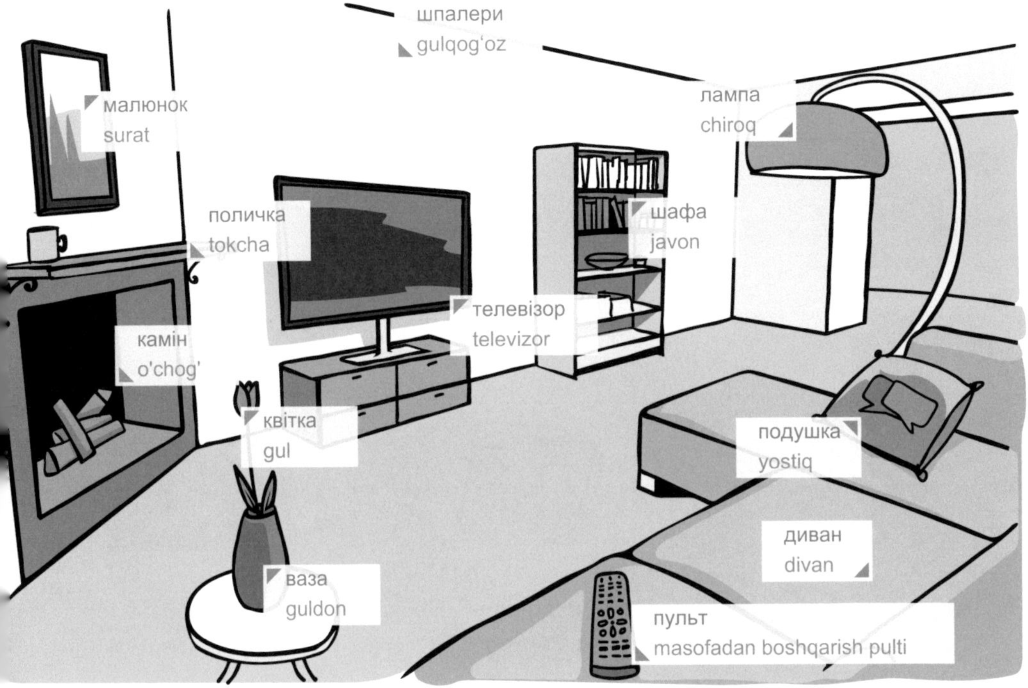

шпалери / gulqog'oz
малюнок / surat
лампа / chiroq
поличка / tokcha
шафа / javon
камін / o'chog'
телевізор / televizor
квітка / gul
подушка / yostiq
ваза / guldon
диван / divan
пульт / masofadan boshqarish pulti

килим
gilam

завіса
parda

стіл
stol

стілець
stul

крісло-гойдалка
tebranma kursi

крісло
kreslo

книга
kitob

ковдра
ko'rpa

прикраса
hasham

дрова
o'tin

фільм
kino

стереосистема
stereo qurilma

ключ
kalit

газета
gazeta

картина
rasm

плакат
plakat

радіо
radio

блокнот
yon daftar

пилосос
chang yutgich

кактус
kaktus

свічка
sham

вітальня - mehmonxona

кухня
oshxona

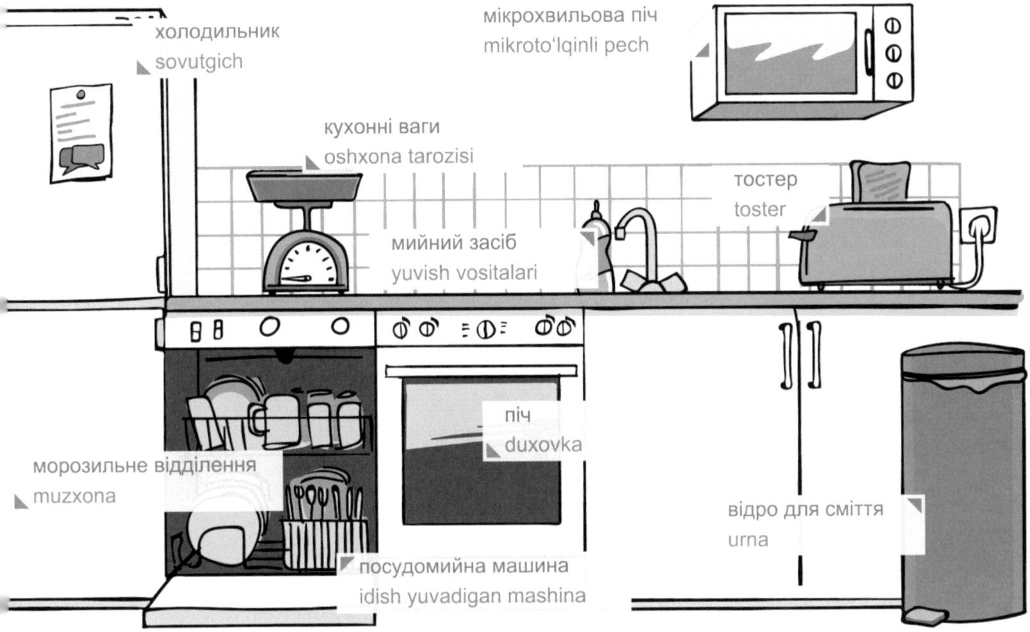

холодильник
sovutgich

мікрохвильова піч
mikroto'lqinli pech

кухонні ваги
oshxona tarozisi

тостер
toster

мийний засіб
yuvish vositalari

піч
duxovka

морозильне відділення
muzxona

відро для сміття
urna

посудомийна машина
idish yuvadigan mashina

плита	горщик	чавунний горщик
plita	kastryul	cho'yan qozon

вок / кадай	сковорода	чайник
bo'rtma tubli tova	tova	chovgun

пароварка

mantiqasqon

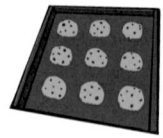

лист

tunuka tova

посуд

chinni idish

кухоль

krushka

чаша

kosa

палички для їжі

taom yeyish tayoqchalari

черпак

cho'mich

лопатка

kurakcha

вінчик для збивання

ko'pirtirgich

сито

chovli

сито

elak

терка

qirg'ich

ступка

hovoncha

барбекю

gril

багаття

olov

дошка

oshtaxta

качалка

juva

штопор

parmasimon tiqin ochgich

конзерва

konserva

відкривачка

konserva ochgich

прихватки

tutgich

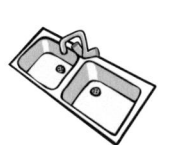

раковина

unitaz

щітка

idish cho'tka

губка

qozonsochiq

міксер

qorishtirgich

морозильна камера

muzlatgich

дитяча пляшка

so'rg'ichli chaqaloq butilkasi

кран

kran

ванна кімната
vannaxona

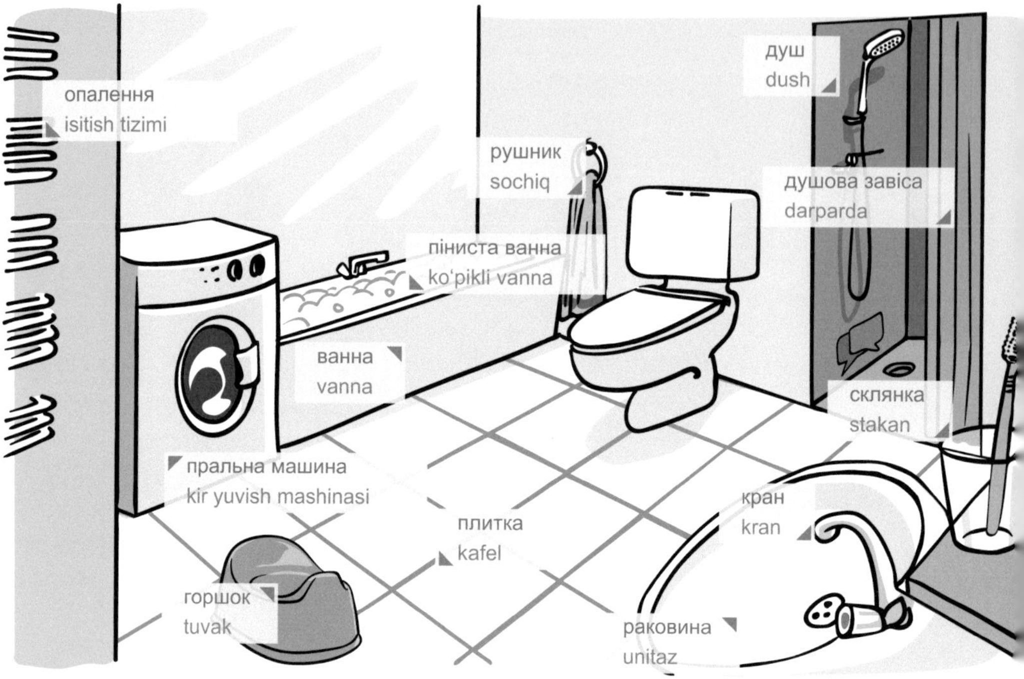

опалення
isitish tizimi

душ
dush

рушник
sochiq

душова завіса
darparda

пініста ванна
ko'pikli vanna

ванна
vanna

склянка
stakan

пральна машина
kir yuvish mashinasi

плитка
kafel

кран
kran

горшок
tuvak

раковина
unitaz

туалет
hojatxona

підлоговий туалет
polga o'rnatiladigan unitaz

біде
tahoratdon

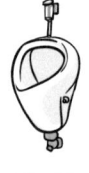

пісуар
siydik unitazi

туалетний папір
hojatxona qog'ozi

щітка для туалету
hojatxona cho'tkasi

зубна щітка
tish cho'tka

зубна паста
tish pastasi

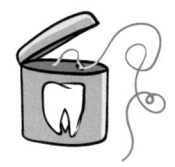
нитка для чищення зубів
tish tozalagich ip

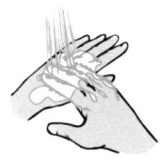
мити
yuvmoq

ручний душ
dastakli dush

інтимний душ
tahorat uchun dush

таз
tog'ora

щітка для спини
yelka qashlaydigan cho'tka

мило
sovun

гель для душу
dush uchun gel

шампунь
shampun

мочалка
mochalka

водостік
quvur

крем
krem

дезодорант
dezodorant

ванна кімната - vannaxona

дзеркало

ku'zgu

косметичне дзеркало

qo'l ku'zgusi

бритва

ustara

піна для гоління

ustara uchun ko'pik

лосьйон після гоління

salqinlantiruvchi balzam

гребінь

taroq

щітка

cho'tka

фен

fen

лак для волосся

soch uchun lak

косметика

pardoz-andoz

губна помада

lab uchun pomada

лак для нігтів

tirnoq laki

вата

paxta

ножиці для нігтів

tirnoq qaychisi

парфум

atir

косметичка
pardoz-andoz xaltasi

табурет
kursi

ваги
tarozi

халат
cho'milish xalati

гумові рукавички
rezina qo'lqop

тампон
tampon

гігієнічні прокладки
gigiyenik taglik

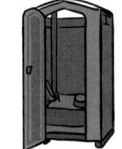
біотуалет
biohojatxona

ванна кімната - vannaxona

дитяча кімната

bolalar xonasi

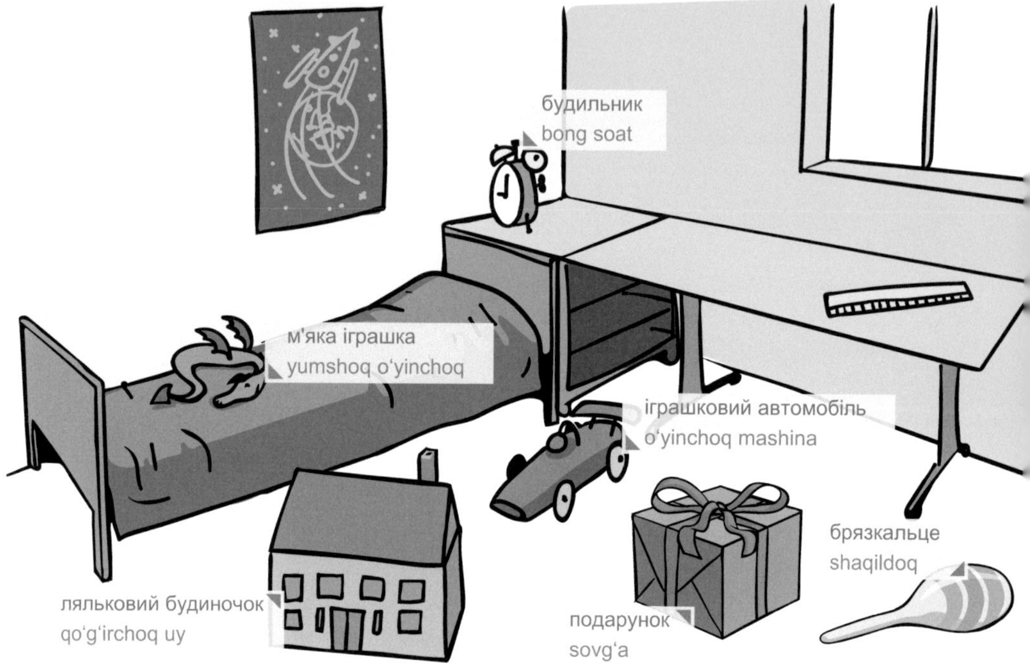
будильник
bong soat
м'яка іграшка
yumshoq o‘yinchoq
іграшковий автомобіль
o‘yinchoq mashina
брязкальце
shaqildoq
ляльковий будиночок
qo‘g‘irchoq uy
подарунок
sovg‘a

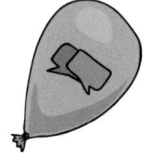

повітряна кулька

shar

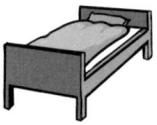

ліжко

krovat

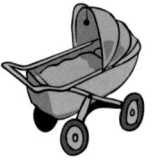

дитячий візок

bolalar aravachasi

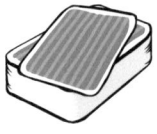

картярська гра

karta to‘plami

пазл

terma tasvir

SUPER MEGA

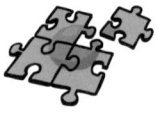

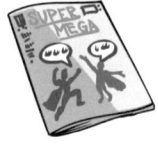

комікс

kulgili sahna asari

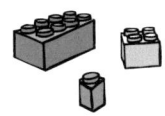

лего цеглинки

lego g'ishtlari

блоки

o'yinchoq kubiklar

іграшкова фігурка

o'yinchoq qahramon

повзунки

polzunka

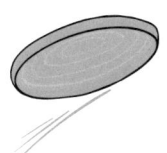

фризбі

uchar likopcha

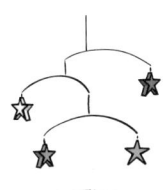

мобіле

osma shaqildoq

настільна гра

stol o'yini

кубик

oshiq

модель залізнична станція

poyezd maketi

соска

so'rg'ich

вечірка

o'tirish

книжка з картинками

rasmli kitob

м'яч

koptok

лялька

qo'g'irchoq

грати

o'ynamoq

дитяча кімната - bolalar xonasi

пісочниця

qumdon

гойдалка

arg'imchoq

іграшка

o'yinchoqlar

гральна консоль

o'yin pristavkasi

триколісний велосипед

uch g'ildirakli velosiped

плюшевий мішка

baxmal ayiq

шафа

kiyim shkafi

одяг
kiyim

шкарпетки

paypoq

панчохи

chulki

колготки

kolgotka

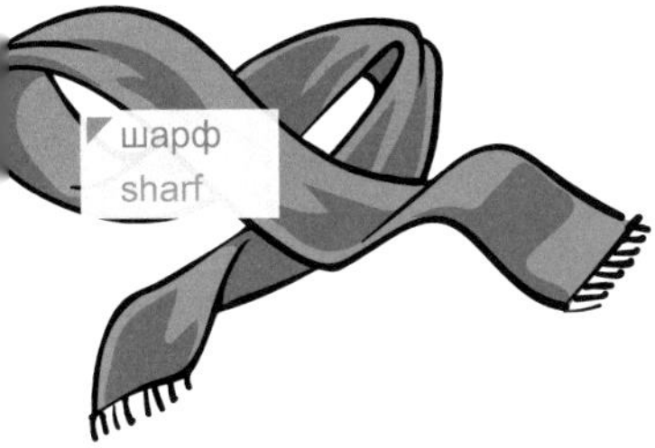

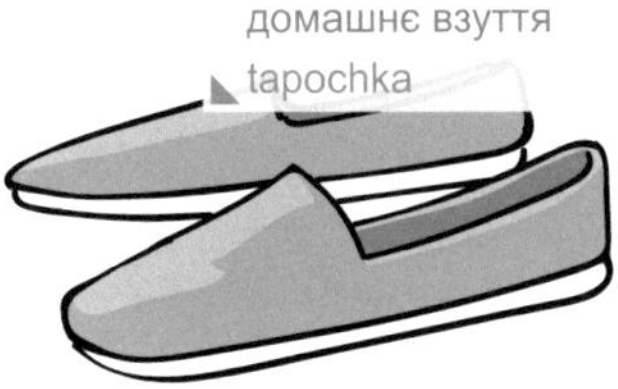

шарф
sharf

парасоля
soyabon

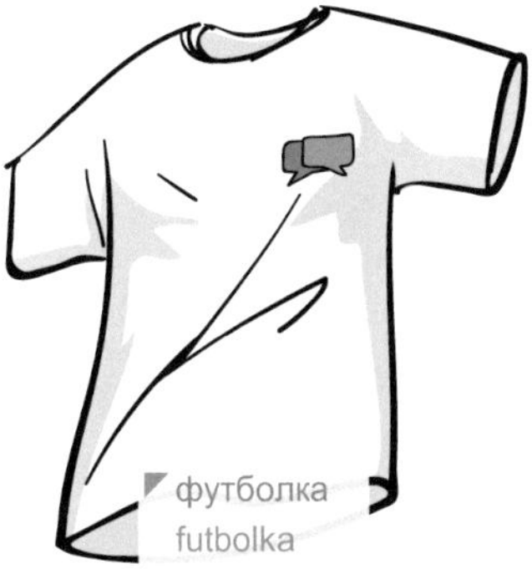

футболка
futbolka

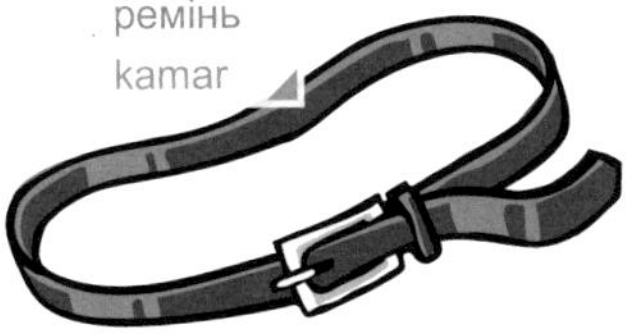

ремінь
kamar

чоботи
botinka

домашнє взуття
tapochka

кросівки
krossovka

сандалі
shippak

взуття
tufli

гумові чоботи
rezina etik

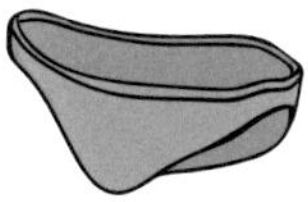

труси
tor tursik

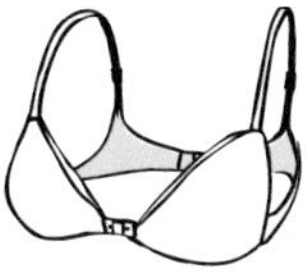

бюстгальтер
ko'krakpech

нижня сорочка
mayka

одяг - kiyim

боді
bodi

штани
ishton

джинси
jinsi

спідниця
yubka

блузка
kofta

сорочка
ko'ylak

пуловер
jemper

светр
uzun chakmon

піджак
sport bichimidagi pidjak

куртка
kurtka

пальто
palto

дощовик
plash

костюм
libos

сукня
ko'ylak

весільна сукня
kelin ko'ylak

костюм

kostyum shim

нічна сорочка

tungi ko'ylak

піжама

pijama

сарі

sari

головна хустка

sholro'mol

чалма

salla

бурка

paranji

кафтан

chakmon

абая

abaya

купальник

cho'milish kostyumi

плавки

tursik

шорти

shortik

тренувальний костюм

sport kostyumi

фартух

fartuk

рукавички

qo'lqop

одяг - kiyim

гудзик — tugma

окуляри — ko'zoynak

браслет — bilaguzuk

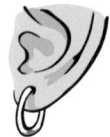

ланцюг — munchoq

кільце — uzuk

сережка — sirg'a

шапка — kepka

плічка — palto ilgak

капелюх — shlyapa

краватка — bo'yinbog'

застібка-блискавка — zamok

шолом — dubulg'a

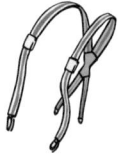

підтяжки — shim tortgich

шкільна форма — maktab formasi

уніформа — forma

нагрудник
oshxo'rak

соска
so'rg'ich

підгузок
taglik

офіс
idora

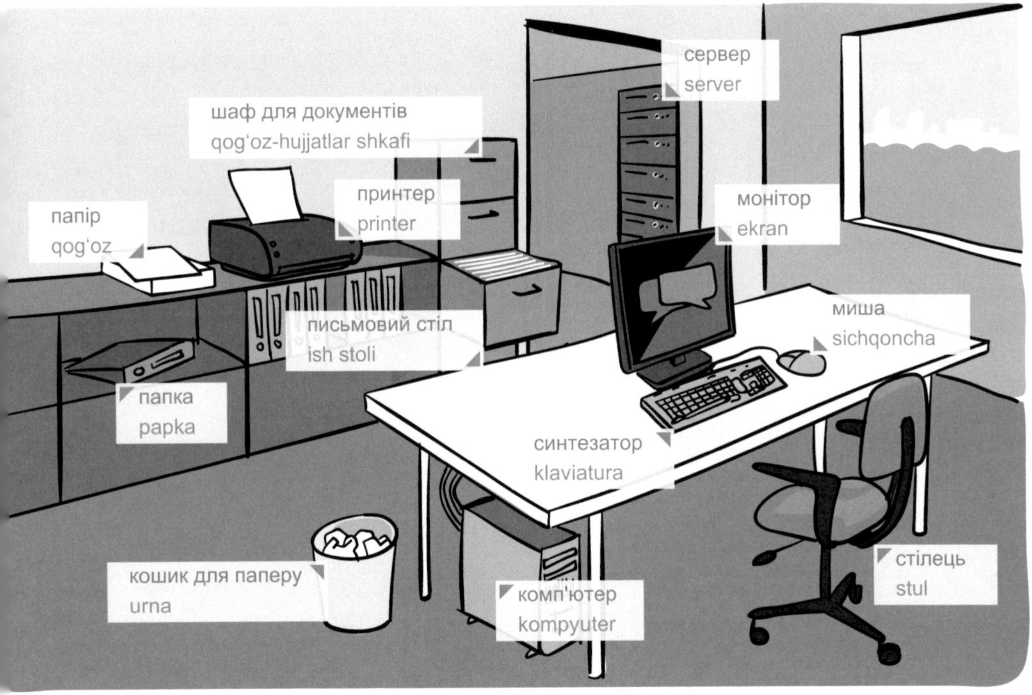

- сервер / server
- шаф для документів / qog'oz-hujjatlar shkafi
- принтер / printer
- монітор / ekran
- папір / qog'oz
- миша / sichqoncha
- письмовий стіл / ish stoli
- папка / papka
- синтезатор / klaviatura
- стілець / stul
- кошик для паперу / urna
- комп'ютер / kompyuter

кавовий кухоль
kofe krujkasi

калькулятор
kalkulyator

інтернет
internet

ноутбук
noutbuk

лист
xat

повідомлення
maktub

мобільний телефон
uyali telefon

мережа
tarmoq

копіювальний пристрій
nusxa ko'chirgich

програмне забезпечення
dastur

телефон
telefon

розетка
rozetka

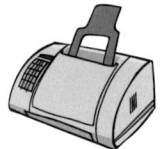
факс
faks

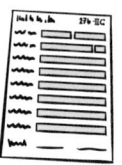
бланк
shakllar

документ
hujjat

офіс - idora

економіка
iqtisod

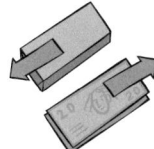
купувати
xarid qilmoq

платити
to'lamoq

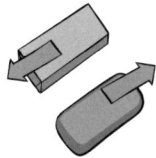
торгувати
savdolashmoq

гроші
pul

долар
dollar

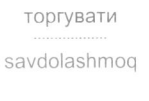

євро
yevro

ієна
yyen

рубль
rubl

франк
shvetsar franki

юанів женьміньбі
Jenminbi xitoy yuani

рупія
rupi

банкомат
bankomat

обмінний пункт
pul ayirboshlash shahobchasi

золото
oltin

срібло
kumush

нафта
neft

енергія
energiya

ціна
narx

контракт
shartnoma

податок
soliq

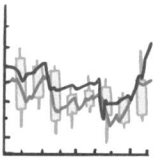

акція
aktsiya

працювати
ishlamoq

працівник
ishchi

роботодавець
ish beruvchi

фабрика
zavod

магазин
do'kon

економіка - iqtisod

професії
kasblar

поліцейський
politsiyachi

пожежник
o't o'chiruvchi

повар
oshpaz

лікар
shifokor

пілот
uchuvchi

садівник

bog'bon

столяр

duradgor

швачка

tikuvchi

суддя

hakam

хімік

kimyogar

актор

aktyor

водій автобуса
avtobus haydovchi

таксист
taksi haydovchisi

рибалка
baliq ovlovchi

прибиральниця
farrosh

покрівельник
tom ustasi

офіціант
ofitsiant

мисливець
ovchi

художник
bo'yoqchi

пекар
nonvoyxona

електрик
elektr ustasi

будівельник
quruvchi

інженер
muhandis

забійник
qassob

бляхар
suvchi chilangar

листоноша
pochtachi

солдат
askar

архітектор
me'mor

касир
kassachi

флорист
gulchi

перукар
sartarosh

кондуктор
chiptachi

механік
mexanik

капітан
kapitan

дантист
tish shifokori

вчений
olim

рабин
yaxudiylar ruhoniysi

імам
imom

монах
rohib

пастор
ruhiniy

інструменти
asboblar

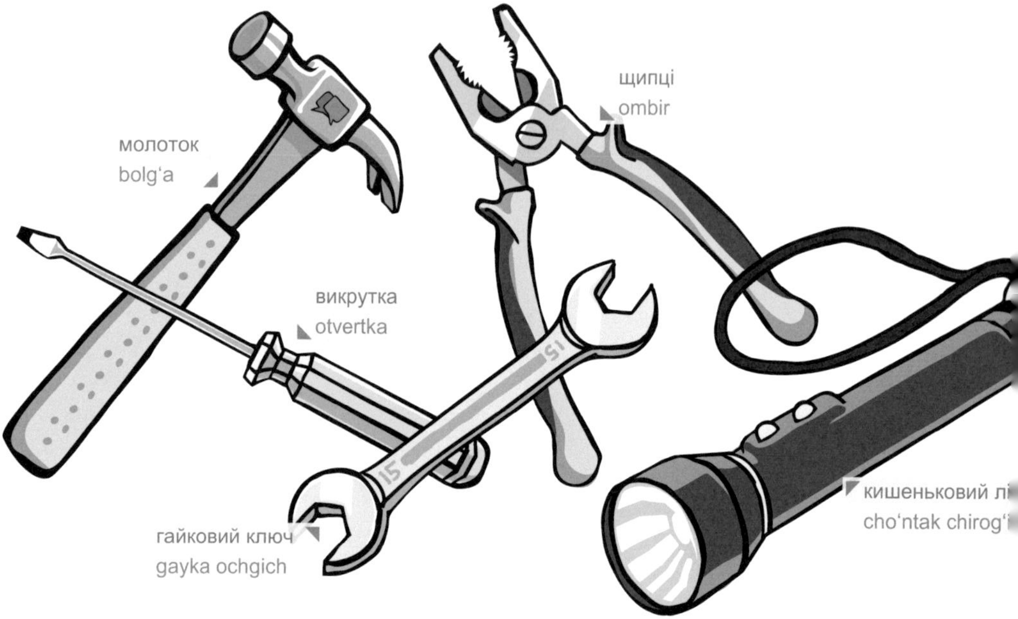

молоток
bolg'a

щипці
ombir

викрутка
otvertka

гайковий ключ
gayka ochgich

кишеньковий л
cho'ntak chirog'

екскаватор

ekskavator

ящик для інструментів

asboblar qutisi

драбина

narvon

пилка

qo'larra

цвяхи

mix

свердло

parmadasta

ремонтувати
tuzatmoq

лопата
belkurak

лайно!
Jin ursin!

совок
xokandoz

відро з фарбою
bo'yoq idish

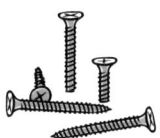

гвинти
burama mix

музичні інструменти
musiqa asboblari

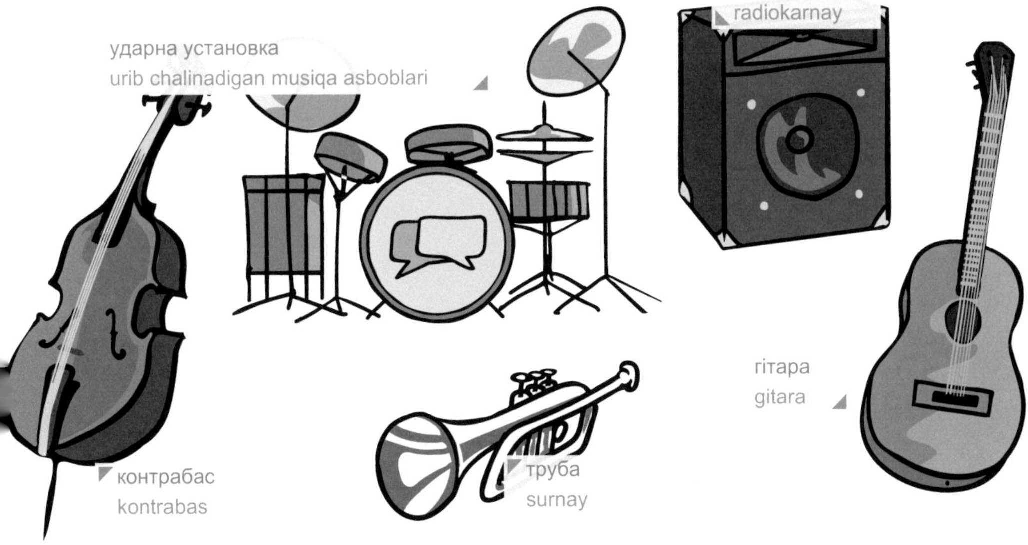

динамік
radiokarnay

ударна установка
urib chalinadigan musiqa asboblari

гітара
gitara

контрабас
kontrabas

труба
surnay

фортепіано

pianino

скрипка

g'ijjak

бас

bas-gitara

литаври

qo'shnog'ora

барабан

do'mbira

клавіатура

klaviatura

саксофон

saksofon

флейта

nay

мікрофон

mikrofon

музичні інструменти - musiqa asboblari

зоопарк
hayvonot bog'i

тигр / arslon
вхід / kirish
клітка / qafas
зебра / zebra
корм / yem
панда / panda

тварини
hayvonlar

слон
fil

кенгуру
kenguru

носоріг
karkidon

горила
gorilla

ведмідь
ayiq

верблюд

tuya

страус

tuyaqush

лев

sher

мавпа

maymun

фламінго

qizil g'oz

папуга

to'ti

білий ведмідь

oq ayiq

пінгвін

pingvin

акула

akula

павич

tovus

змія

ilon

крокодил

timsoh

працівник зоопарку

hayvonot bog'i qorovuli

тюлень

tyulen

ягуар

yaguar

поні

to'pichoq ot

леопард

qoplon

гіпопотам

begemot

жираф

jirafa

орел

burgut

кабан

erkak cho'chqa

риба

baliq

черепаха

toshbaqa

морж

morj

лисиця

tulki

газель

ohu

спорт
sport o'yinlari

дії
mashg'ulot

дії - mashg'ulot

мати

ega bo'lmoq

робити

bajarmoq

бути

bo'lmoq

стояти

turmoq

бігати

yugurmoq

тягнути

tortmoq

кидати

uloqtirmoq

падати

yiqilmoq

лежати

aldamoq

очікувати

kutmoq

носити

tashimoq

сидіти

o'tirmoq

одягати

kiyinmoq

спати

uxlamoq

просипатися

uyg'onmoq

дії - mashg'ulot

дивитися

qaramoq

плакати

yig'lamoq

гладити

zarba bermoq

розчісувати

taramoq

розмовляти

gaplashmoq

розуміти

tushunmoq

питати

so'ramoq

слухати

tinglamoq

пити

ichmoq

їсти

yemoq

прибирати

yig'ishtirmoq

любити

sevmoq

варити

pishirmoq

їхати

haydamoq

літати

uchmoq

дії - mashg'ulot

йти під вітрилом
kemada suzmoq

рахувати
sanamoq

читати
o'qimoq

вчитися
o'rganmoq

працювати
ishlamoq

одружуватися
turmush qurmoq

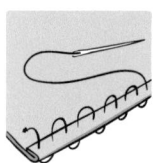
шити
tikmoq

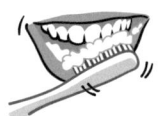
чистити зуби
tish yuvmoq

убивати
o'ldirmoq

курити
chekmoq

посилати
yo'llamoq

дії - mashg'ulot

сім'я
oila

бабуся / buvi
дідуся / buva
батько / ota
мати / ona
немовля / chaqaloq
донька / qiz
син / o'g'il

гість
mehmon

тітка
amma

дядько
tog'a

брат
aka

сестра
opa

тіло
tana

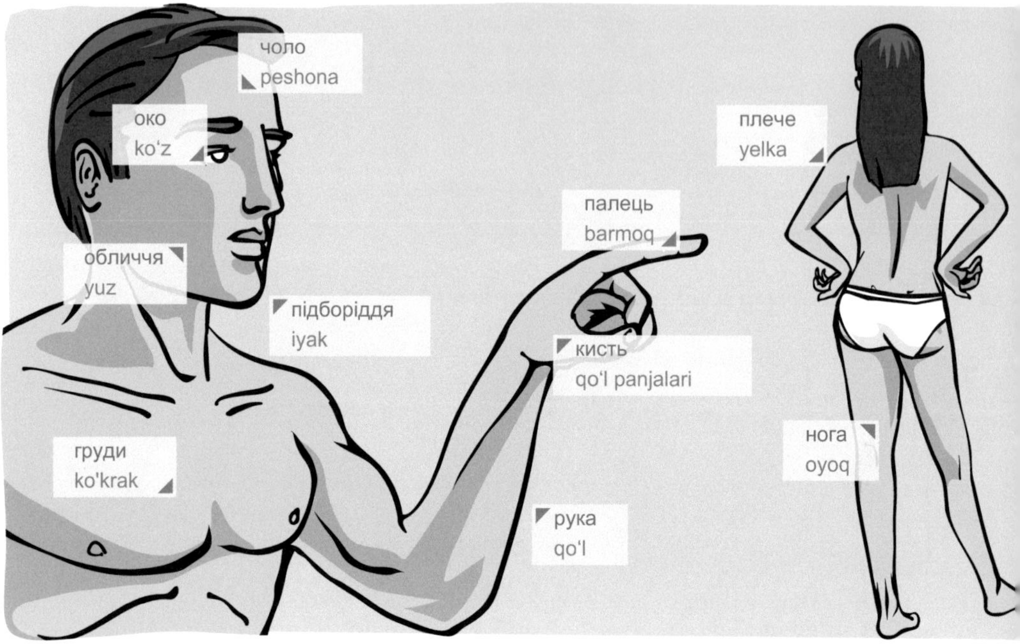

чоло / peshona
око / ko'z
обличчя / yuz
підборіддя / iyak
груди / ko'krak
плече / yelka
палець / barmoq
кисть / qo'l panjalari
нога / oyoq
рука / qo'l

немовля
chaqaloq

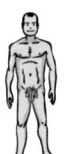

чоловік
odam

жінка
ayol

дівчина
qiz bola

хлопчик
o'g'il bola

голова
bosh

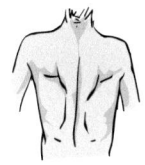

спина

orqa

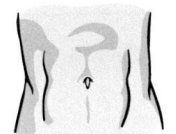

живіт

qorin

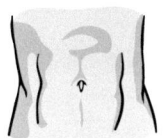

пуп

kindik

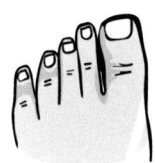

палець ноги

oyoq barmoqlari

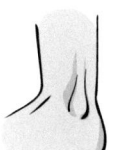

п'ята

tovon

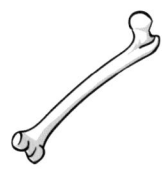

кістка

suyak

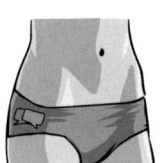

стегно

bel

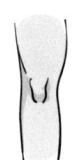

коліно

tizza

лікоть

tirsak

ніс

burun

сідниці

dumba

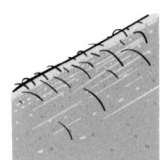

шкіра

teri

щока

yanoq

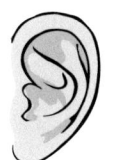

вухо

quloq

губа

lab

рот
ogʻiz

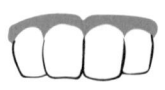

зуб
tish

язик
til

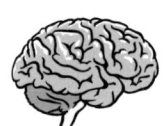

мозок
miya

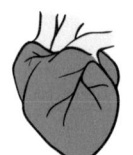

серце
yurak

м'яз
mushak

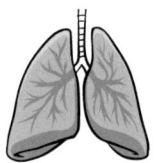

легені
oʻpka

печінка
jigar

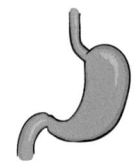

шлунок
oshqozon

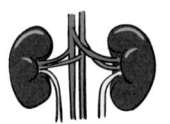

нирки
buyrak

статевий акт
jinsiy aloqa

презерватив
prezervativ

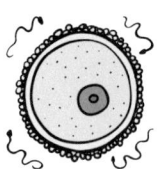

яйцеклітина
tuxum hoʻjayra

сперма
urugʻ

вагітність
homiladorlik

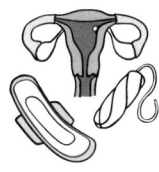  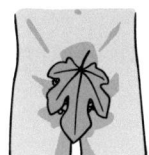

менструація	вагіна	пеніс
hayz	bachadon	olat

 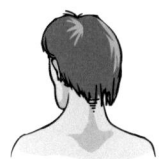

брова	волосся	шия
qosh	soch	bo'yin

лікарня
shifoxona

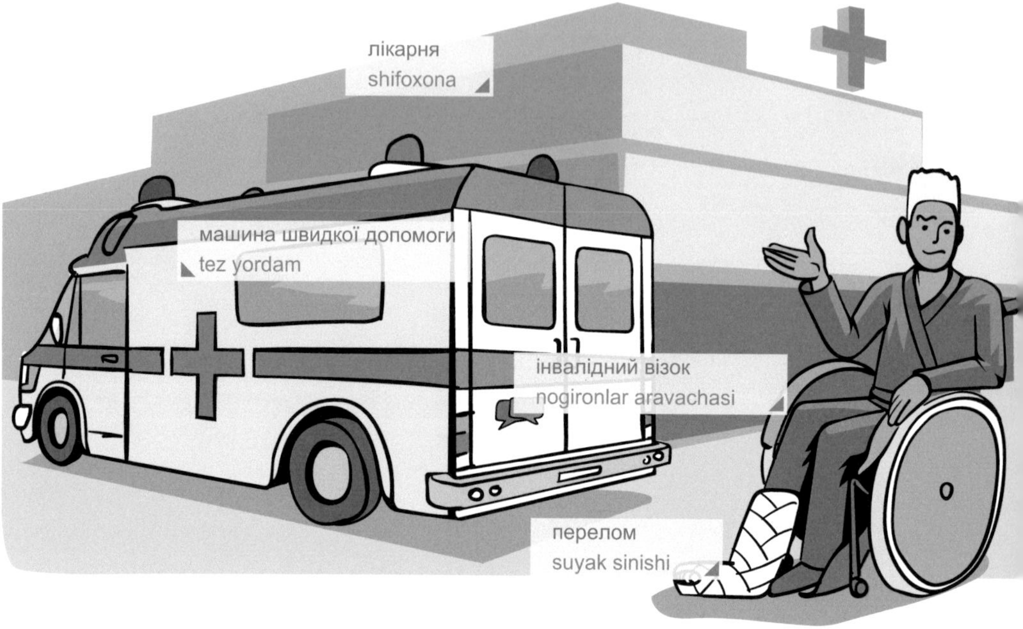

- лікарня / shifoxona
- машина швидкої допомоги / tez yordam
- інвалідний візок / nogironlar aravachasi
- перелом / suyak sinishi

лікар
shifokor

відділення швидкої медичної допомоги
Shoshilich tibbiy yordam ko'rsatish bo'limi

медсестра
hamshira

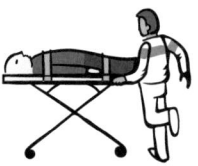

аварійний випадок
tez yordam

непритомний
hushsizlik

біль
og'riq

травма
jarohat

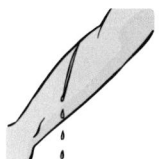
кровотеча
qonash

інфаркт
yurak xuruji

інсульт
insulьt

алергія
allergiya

кашель
yo'tal

лихоманка
isitma

грип
tumov

пронос
ichburug'

головна біль
bosh og'rig'i

рак
saraton kasalligi

діабет
qandli diabet

хірург
jarroh

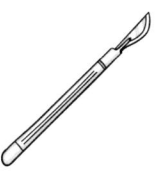
скальпель
jarroh pichog'i

операція
jarrohlik amaliyoti

лікарня - shifoxona

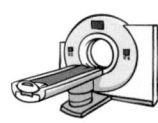

КТ

tomografiya

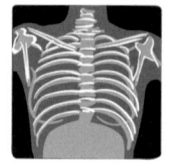

рентген

rentgen

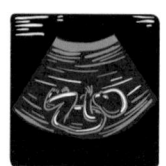

ультразвук

ultratovush tekshiruvi

маска

yuz niqobi

хвороба

kasallik

зал очікування

qabulxona

милиця

qo'ltiqtayoq

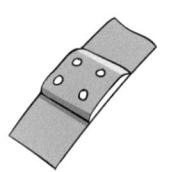

пластир

malhamli plastir

пов'язка

bint

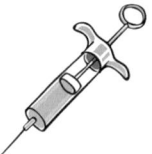

ін'єкція

ukol

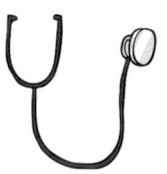

стетоскоп

yurak urushini va o'pkani eshitib ko'radigan asbob

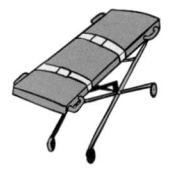

ноші

bemorlar uchun zambil

термометр

termometr

народження

tug'ruq

надмірна вага

semizlik

лікарня - shifoxona

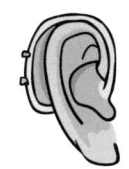

слуховий апарат

eshitish moslamasi

дезінфікуючий засіб

dezinfeksiyalovchi vosita

інфекція

infektsiya

вірус

virus

ВІЛ / СНІД

OIV / OITS

медицина

dori

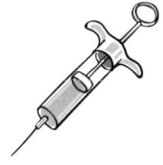

вакцинація

emlash

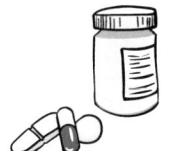

таблетки

tabletka

протизаплідна пігулка

dori

екстрений виклик

tez yordam qo'ng'irog'i

тонометр

qon bosimini o'lchash asbobi

хворий / здоровий

kasal / sog'lom

аварійний випадок
tez yordam

сигнал тривоги
xavf-xatar ishorasi

напад
tajovuz

Допоможіть!
Yordamga!

атака
hujum

небезпека
xavf

аварійний вихід
favqulodda holatlarda chiqish eshigi

Вогонь!
Yong'in

вогнегасник
o't o'chirgich

аварія
falokat

аптечка
birinchi tibbiy yordam to'plami

СОС
falokat signali

поліція
politsiya

Земля
yer

Європа

Yevropa

Північна Америка

Shimoliy Amerika

Південна Америка

Janubiy Amerika

Африка

Afrika

Азія

Osiyo

Австралія

Avstraliya

Атлантика

Anlantika okeani

Тихий океан

Tinch okeani

Індійський океан

Hind okeani

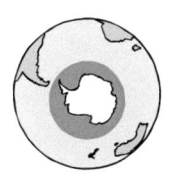

Антарктичний океан

Antarktida okeani

Північний Льодовитий океан

Arktika okeani

Північний полюс

Shimoliy qutb

Південний полюс

Janubiy qutb

Антарктика

Antarktika

Земля

yer

суша

o'lka

море

dengiz

острів

orol

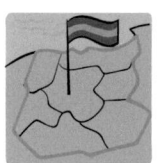

нація

millat

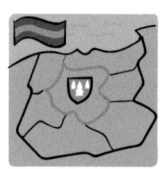

держава

davlat

годинник
soat

циферблат
astronomik vaqt ko'rsatgichi

годинникова стрілка
soat mili

хвилинна стрілка
daqiqa mili

секундна стрілка
lahza mili

Котра година?
Soat necha?

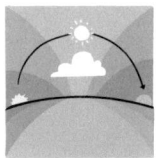
день
kun

час
vaqt

зараз
hozir

цифровий годинник
raqamli soat

хвилина
daqiqa

година
soat

тиждень
xafta

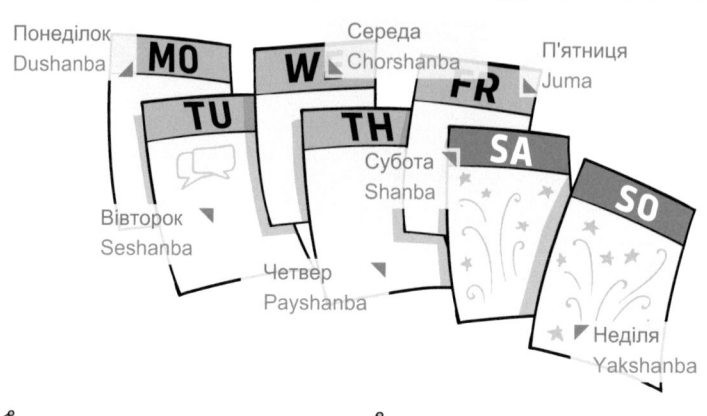

Понеділок — Dushanba
Вівторок — Seshanba
Середа — Chorshanba
Четвер — Payshanba
П'ятниця — Juma
Субота — Shanba
Неділя — Yakshanba

вчора
kecha

сьогодні
bugun

завтра
ertaga

ранок
ertalab

опівдні
peshin

вечір
kechqurun

робочі дні
ish kunlari

кінець робочого тижня
dam olish kunlari

рік
yil

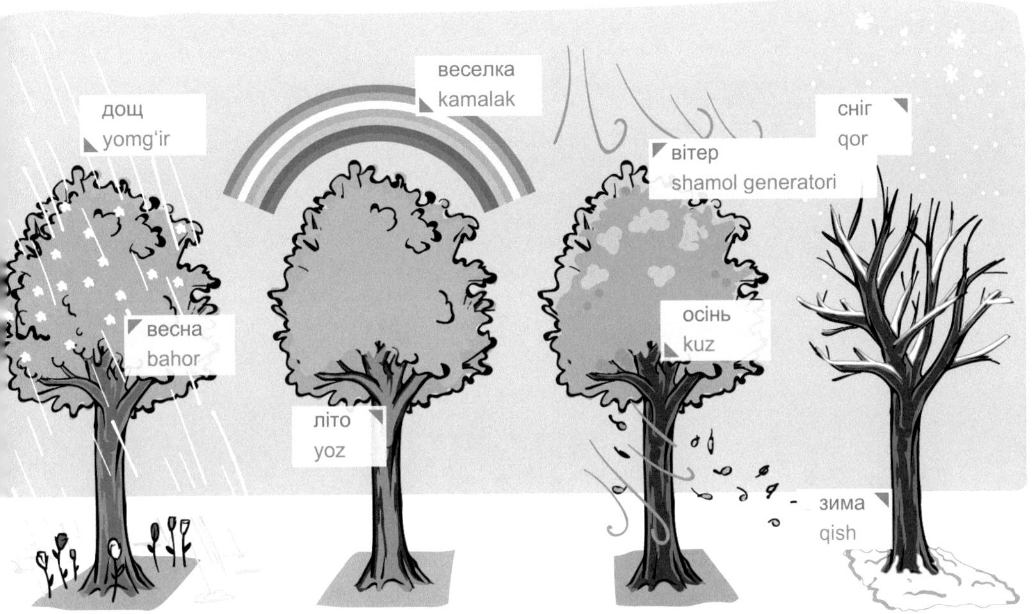

дощ
yomg'ir

веселка
kamalak

сніг
qor

вітер
shamol generatori

весна
bahor

осінь
kuz

літо
yoz

зима
qish

прогноз погоди
ob-havo ma'lumoti

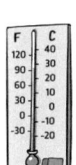

термометр
termometr

сонячне світло
quyoshli

хмара
bulut

туман
tuman

вологість повітря
namgarchilik

блискавка
chaqmoq

грім
momoqaldiroq

шторм
bo'ron

град
do'l

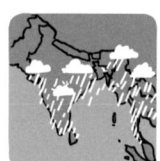

мусон
namgarchilik mavsumi

повінь
toshqin

лід
muz

Січень
Yanvar

Лютий
Fevral

Березень
Mart

Квітень
Aprel

Травень
May

Червень
Iyun

Липень
Iyul

Серпень
Avgust

рік - yil

Вересень

Sentyabr

Жовтень

Oktyabr

Листопад

Noyabr

Грудень

Dekabr

форми
shakllar

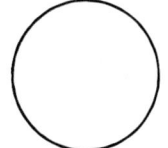

круг

aylana

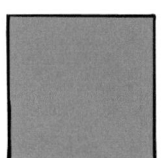

квадрат

kvadrat

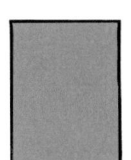

прямокутник

to'rtburchak

трикутник

uchburchak

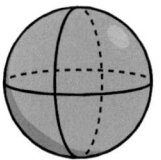

куля

doira

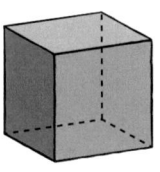

куб

kub

фарби
ranglar

білий

oq

жовтий

sariq

помаранчевий

sabzi rang

рожевий

pushti

червоний

qizil

фіолетовий

to'q qizil

синій

ko'k

зелений

yashil

коричневий

jigar rang

сірий

kul rang

чорний

qora

протилежності
qarama-qarshi ma'noli so'zlar

багато / мало

ko'p / oz

лютий / мирний

g'azabli / xotirjam

гарний / бридкий

go'zal / xunuk

початок / кінець

boshi / oxiri

великий / малий

katta / kichik

світлий / темний

yorug' / qorong'u

брат / сестра

aka / singil

чистий / брудний

toza / iflos

завершений /
незавершений
to'liq / chala

день / ніч

kun / tun

мертвий / живий

o'lik / tirik

широкий / вузький

keng / tor

їстівний / неїстівний

yesa bo'ladigan / yesa bo'lmaydigan

злий / дружній

yovuz / xayrli

збуджений / нудьгуючий

hayajonli / zerikarli

товстий / тонкий

semik / oriq

спочатку / востаннє

birinchi / oxirgi

друг / ворог

do'st / dushman

повний / порожній

to'la / bo'sh

жорсткий / м'який

qattiq / yumshoq

важкий / легкий

og'ir / yengil

голод / спрага

ochlik / chanqov

хворий / здоровий

kasal / sog'lom

незаконний / законний

noqonuniy / qonuniy

розумний / дурний

ziyoli / kaltafahm

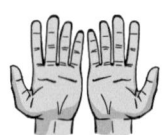

вліво / вправо

chap / o'ng

поруч / далеко

yaqin / uzoq

новий / використаний

yangi / ishlatilgan

нічого / щось

hech narsa / bir narsa

старий / молодий

qari / yosh

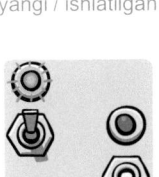

вкл / викл

yoniq / o'chiq

відкрито / закрито

ochiq / yopiq

тихо / гучно

past / baland

багатий / бідний

boy / kambag'al

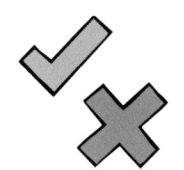

правильно / неправильно

to'g'ri / noto'g'ri

шорсткий / гладкий

notekis / tekis

сумний / щасливий

xafa / xursand

короткий / довгий

qisqa / uzun

повільно / швидко

sekin / tez

вологий / сухий

nam / quruq

гарячий / холодний

iliq / salqin

війна / мир

urush / tinchlik

протилежності - qarama-qarshi ma'noli so'zlar

числа
raqamlar

0
нуль
nol

1
один
bir

2
два
ikki

3
три
uch

4
чотири
to'rt

5
п'ять
besh

6
шість
olti

7
сім
yetti

8
вісім
sakkiz

9
дев'ять
to'qqiz

10
десять
o'n

11
одинадцять
o'n bir

12
дванадцять

o'n ikki

13
тринадцять

o'n uch

14
чотирнадцять

o'n to'rt

15
п'ятнадцять

o'n besh

16
шістнадцять

o'n olti

17
сімнадцять

o'n yetti

18
вісімнадцять

o'n sakkiz

19
дев'ятнадцять

o'n to'qqiz

20
двадцять

yigirma

100
сто

yuz

1.000
тисяча

ming

1.000.000
мільйон

million

числа - raqamlar

МОВИ
tillar

англійська
Ingliz

американська англійська
Amerikacha ingliz tili

китайська високочиновницька
Xitoy tilining Mandarin lahchasi

хінді
Hind

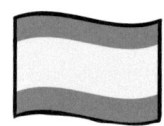

іспанська
Ispan

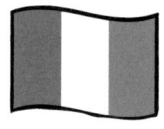

французька
Frantsuz

арабська
Arab

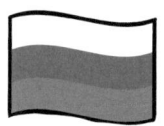

російська
Rus

португальська
Portugal

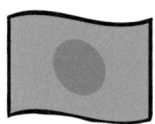

бенгальська
Bengal

німецька
Nemis

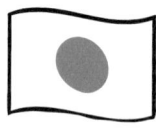

японська
Yapon

хто / що / як
kim / nima / qanday

я
Men

ти
Sen

він / вона / воно
u / u / u

ми
biz

ви
sizlar

вони
ular

хто?
kim?

що?
nima?

як?
qanday?

де?
qayerda?

коли?
qachon?

ім'я
ism

де
qayerda

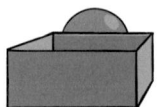

ззаду
orqada

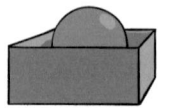

в
ichida

перед
oldida

над
uzra

на
ustida

під
tagida

біля
yonida

між
o'rtasida

місце
joy